AF460745

2 auril 1609 82

Declaration du Roy Henry quatriesme, par laquelle lesdits Thresoriers & payeurs de la gédarmerie, sont admis à payer le droict annuel pour estre conseruez & maintenuz en leursdits offices, & en tous leurs priuileges, moyennant vn suplement de deux mil liures chacun, pour employer à l'extinction des rentes qui estoient sur le taillon.

HENRY par la grace de Dieu Roy de France & de Nauarre, A tous ceux qui ces presentes lettres verrõt, salut, Nostre intention ayant tousiours esté de reduire les Thresoriers payeurs de nostre gendarmerie au nombre de soixante, suyuant nos edicts & declarations de quatre vingt sept, & quatre vingt quatorze, nous aurions en traictant auec maistre Charles Paulet, & Benigne Saulnier, du reuenu de nos parties casuelles & dispense des quarante iours par nous accordée à tous les officiers de nostre Royaume, fait vne particuliere exception & reseruation desdits offices de payeurs, pour les pouuoir supprimer vaccation en aduenant par mort, & faire rentrer en leur lieu & place, ceux par nous

cy deuant supprimez & reduicts à rente, tant à fin de nous descharger desdites rentes, que pour effectuer ladite reduction, laquelle reseruation neantmoins n'ayant esté distinctemēt employée dans les contracts faits auec Paulet & Saulnier, ains seulement par articles separez & particuliers, & lesdits payeurs n'ayans eu aucune cognoissance de nostredit vouloir & intention, la plus grande partie d'entre eux auroient tousiours depuis l'establissemēt de ladite dispense payé les sommes, ausquelles ils auroient esté pour ce taxez en nostre Conseil, esperant iouyr du benefice d'icelle, ainsi que tous nos autres officiers, en quoy partant nous ayant fait supplier les vouloir maintenir en consideration, mesmement des grandes despences & perils ausquels la fonction de leurs offices les oblige, Sçauoir faisons, que nous apres auoir mis cest affaire en deliberatiō en nostre conseil, ayant aucunement esgard aux remonstrances desdits payeurs, & voulans neantmoins ensuyuant lesdits reglemens nous liberer desdites rentes, Auons de l'aduis de nostredit Conseil & de nos grace speciale, plaine puissance &

auctorité Royalle, declaré, voulu & ordonné, declarons, voulons & ordonnons par ces presentes que tous ceux desdits payeurs, qui dans le dernier Decembre de la presente année six cens neuf, payeront és mains des Thresoriers generaux ordinaires de nos guerres la somme de deux mil liures chacun, pour conuertir & employer à nostre acquict & descharge, à l'extinction & amortissement desdites rentes assignées sur le taillon, seront & les auons (à commencer du premier de Ianuier dernier) admis & admettons à payer ledit droit annuel, pour iouyr doresnauant du benefice d'iceluy, & de la dispense des quarante iours, comme & ainsi que font nos autres officiers, suyuant nos declarations & arrests de nostre Conseil, des septiesme & douziesme Decembre mil six cens quatre, & vingt quatriesme Decembre mil six cens cinq, sans qu'ils puissent plus estre troublez ny empeschez pour l'aduenir, nonobstant la susdite exception & reseruation, & la teneur desdits edicts & reglemens de quatre vingt sept, & quatre vingt quatorze, que ne voulons auoir lieu pour ce regard, lesquels deux mil liures de finance, qui seront comme dit est payez par chacun desdits payeurs, à quelque somme quelle se puisse monter, voulons estre employez au rachapt & admortissement desdites rentes, selon & suyuant l'estat qui en sera dressé par le sieur de Vileroy Secretaire de nos commãdemens, & ayant le departement de la guerre, pardeuant lequel, ou autres qui à ce faire seront par nous commis, seront à cest effect representez les contracts de constitution, lettres patentes, & les aduis sur ce de nostre chambre des Comptes, & que de ladite somme de deux mil liures en sera à chacun desdits payeurs par nosdits Thresoriers ordinaires des guerres chacũ en son departement deliuré quittance pour leur sortir & tenir pareil lieu & nature de finãce, que celles qu'ils ont cy deuãt payées pour leursdits offices, l'ayant à ceste fin aussi des à present comme des lors, en tant que besoin seroit, vnie & incorporée, vallidée, approuuée & octroyée, vnissons, incorporons, vallidons, octroyons, & approuuons par cesdites presentes, & outre seront & auons tous lesdits payeurs, qui feront le susdit payment, conſeruez & maintenuz en leurſdits offices, & en tous les droicts priuileges, pouuoir & faculté de reſigner, gages de huict cens liures par an & taxations y attribuées, & dont ils ont accouſtumé iouyr, ſans que ores, ny à l'aduenir il puiſſe eſtre fait aucun reculement ny retranchement de leurſdits gages, pour quelque cauſe, ou pretexte que ce ſoit, & quant aux autres Threſoriers payeurs de noſtre gendarmerie, qui ne payeront ladite ſomme de deux mil liures, pour l'effect de ladite extinctiõ, dans ledit iour dernier de Decembre prochain; demeureront & les auons declarez & declarons excluz de ladite faculté & benefice dudit droit annuel & diſpence des quarante iours, & pour leur regard ſeulement leſdits edits & reglemens de quatre vingt ſept, & quatre vingt quatorze, auront lieu & ſeront gardez & obſeruez, iuſques à ce que ladite reduction au nombre de ſoixante ſoit entierement effectuée. Si donnons en mandement à nos aymez & feaux les gens de nos Comptes à Paris que nos preſente declaration, vouloir & intention, ils facent enregiſtrer garder & obſeruer inuiolablement, & de l'effect &

contenu iouyr & vser lesdits Thresoriers payeurs de nostre gendarmerie, plainement & paisiblement selon leur forme & teneur, cessant & faisant cesser tous troubles & empeschemens au contraire, vallidant & auctorisant, en tant que besoin est ou seroit, tout ce qui sera fait & ordonné pour lesdits remboursemens & admortissemens desdites rentes, circonstances & dependences tant par ledit sieur de Villeroy, que autres, à ce par nous commis, que voulons sortir son plain & entier effect, Car tel est nostre plaisir, nonobstant les susdits edicts & reglemens de quatre vingt sept & quatre vingt quatorze, & declarations ensuiuies en consequence d'iceux, & quelconques autres edicts, ordonnances, mandemens, defences & lettres à ce contraires, ausquelles, & aux derogatoires des derogatoires nous auons pour ce regard seulement, & sans preiudicier en autre chose derogé & derogeons par cesdites presentes, nonobstant aussi oppositions ou appellations quelconques, pour lesquelles, & sans preiudice d'icelles ne voulons estre differé, & dont si aucunes interuiennẽt, nous auons comme genegalement de l'execution de cesdites presentes, circonstances & dependances, reserué & reseruons la cognoissance en nostredit Conseil, & icelle interdite & defenduë, interdisons & defendons à toutes nos Cours & autres Iuges par cesdites presentes, En tesmoing de quoy nous auons fait mettre nostre seel à icelles. Donné à Paris le deuxiesme iour d'Auril, l'an de grace mil six cens neuf, & de nostre regne le vingtiesme, signé HENRY, & sur le reply, par le Roy, Deneufuille, & seellé sur double queuë du grand seel en cire iaune, & sur ledit reply, registrées en la chambre des Comptes, ouy le Procureur general, aux charges & ainsi qu'il est contenu en l'arrest sur ce fait, le vingtneufiesme iour de May, mil six cens neuf, signé Bourlon.

VEV par la Chambre les lettres patentes du Roy en forme de declaration données à Paris le deuxiesme iour d'Auril dernier signées Henry & sur le reply, par le Roy Deneufuille par lesquelles, & pour les causes y contenuës, ledit Seigneur dit & declare que tous ceux des Thresoriers payeurs de sa gendarmerie qui dans le dernier Decembre de la presente année payerõt és mains des Thresoriers generaux ordinaires desdites guerres, la somme de deux mil liures chacun, pour conuertir & employer à l'acquict de sa Majesté, à l'extinction & admortissement des rentes assignées sur le taillon, seront & les a à commencer du premier iour de Iãuier dernier, admis à payer le droit annuel pour iouyr doresnauant du benefice d'iceluy, & de la despence des quarante iours, comme font les autres officiers, suyuant les declarations & arrests sur ce interuenuz, sans qu'ils y puissent estre troublez pour l'aduenir, nonobstant l'exception & reseruation faite d'iceux offices, dans les articles accordez à maistre Benigne Saulnier, & Charles Paulet, que ledit Seigneur ne veut auoir lieu pour leur regard, & quand aux autres Thresoriers payeurs, qui ne payeront ladite somme, pour l'effect de ladite extinction, dans le temps susdit demeureront, & les a sadite Majesté excluz de ladite faculté & benefice dudit droict annuel, ainsi que plus au long le contiennent lesdites lettres, re-

queste

queste presentée à ladite chambre, par maistre Leon Moysen l'vn desdits Thresoriers, pour estre receu opposant à la verification desdites lettres, & en auoir acte arrest interuenu sur icelle le vingtiesme dudit mois, par lequel est ordonné qu'il fourniroit ses causes d'oppositions dans trois iours, pour luy estre fait droit, autre requeste presentée à ladite chambre par ledit Moysen, par laquelle & pour les causes y contenuës, il a declaré n'auoir aucune raison pour empescher la verification desdites lettres, conclusions du Procureur general du Roy, auquel le tout a esté communiqué, & tout consideré, La chambre a ordonné & ordonne lesdites lettres estre registrées és registres d'icelle pour auoir lieu entre les volontaires seulement, fait le vingt neufiesme iour de May, mil six cens neuf, & plus bas, extraict des registres de la chambre des Comptes, signé Bourlon.

ESTAT DES QVATREVINGT *deux Thresoriers & payeurs de la gendarmerie de France, tant du nombre des soixante anciens &*

retenuz, par l'edict du feu Roy Henry troisiesme, de l'année mil cinq cens quatre vingt sept, ou de ceux qui ont esté depuis pourueuz en leur lieu & place que des vingts d'augmentation, suyuant la declaration du feu Roy dernier decedé, donnée sur le fait & execution dudit edict, & de deux autres payeurs, dont ledit Seigneur a voulu & ordonné, ledit nombre des retenuz estre augmenté selon qu'il est porté par les estats, que le Roy à present regnant, fait faire d'an en an, des officiers de sa gendarmerie, ou lesdits quatre vingt deux payeurs sont couchez & employez, pour faire les payemens d'icelle sadite gendarmerie, suyuant le vouloir & intention de sa Majesté, & iouyr de tous & chacuns les priuileges à eux concedez & octroyez, par les Roys ses predecesseurs, & confirmez ausdits payeurs, par declaration particuliere de sadite Majesté, du mois de Septembre, mil six cens dix: cy apres transcrite, verifiée és Cours de Parlement, chambre des Comptes, & cour des Aydes, tant en consideration des seruices, que lesdits payeurs font à sadite Majesté, à l'exercice de leursdits offices, que des deux mil liures, que chacun d'eux a payé, au profit d'icelle sadite Majesté, pour l'extinction des rentes qui estoient sur le taillon, suyuant les lettres patentes dudit feu

Seigneur Roy, du deuxiesme Auril, mil six cens neuf, cy deuant transcrite, dont & desquels quatre vingts deux payeurs, retenuz (& cy apres enroollez, selon l'ordre de leurs prouisions) la teneur ensuit.

Premierement.

Ierre le Secq, pourueu le 22. Iuillet 1573. & comprins au nombre des soixante retenuz, par l'edit de 87. cy dessus mentionné.

Michel Musnier, pourueu le 16. Nouembre 1573. & compris au nombre des soixante retenuz, en 87.

Guillaume du Fayot, pourueu le dernier Mars 1577. & compris au nombre des soixante retenuz en 87.

Nicolas Girad, pourueu le premier Ianuier 1578. reduict en 87. & rentré en 94. au nombre des soixante retenuz, suyuant l'ordre de sa prouision.

Sebastien Iollіueau, pourueu le 6. Octobre 1579. reduict en 87. & rentré en 94. au nombre des vingt d'augmentation, suyuant la declaration du feu Roy, aussi cy dessus mentionnée.

Iean Faure, pourueu le 10. Octobre 1579. reduict en 87. & rentré en 94. audit nombre des vingt d'augmentation.

Estienne Guerin, pourueu le 5. Octobre 1580. reduict en 87. & rentré le premier Feurier 1602. au lieu de Philipes Brosseau, qui estoit des soixãte retenuz en 87.

Hierosme Habert, pourueu le 28. Feurier 1582. reduict en 87. & rentré le dernier Auril 1601. au lieu de François Massilien, qui estoit du nombre des soixante retenuz en 87.

Bertrand le Picart, pourueu le 24. Mars 1602. reduict en 87. & rentré en 94. au nõbre des vingt d'augmentation.

Ledit Hierosme Habert, pourueu le 4. Iuin 1582. reduict en 87. & rentré le 20. Iuin 1603. au lieu de Estienne le Vachier, qui estoit des retenuz en 87.

Charles Rousseau, pourueu le 15 Septembre 1585. reduict en 87. & rentré en 94. au nombre des 20. d'augmentation.

Gacien Deplays, pourueu le 12. Feurier 1586. reduict en 87. & rentré en 94. au nõbre des vingt d'augmentation.

Iean Deffontis, pourueu le 19. Decembre 1586. reduict en 87. & rentré le de 1600. au lieu de Iean Iacquelin, qui estoit du nombre des soixante retenuz en 87.

Florent Pasquier, pourueu le 24. Decēbre 1586. reduict en 87. & rentré le dernier Decembre 1601. au lieu de Iean Boullengier, qui estoit du nombre des soixante retenuz en 87.

Paul Hardier, pourueu le dernier Decembre 1589. reduict en 87. & rentré en 94. au nombre des 20. d'augmentation.

Charles Mazelin, pourueu le 27. Ianuier 1587. reduict en ladite année, & rentré en 94. au nombre des soixante retenuz par le commandement du Roy.

Nicolas Veillart, pourueu le 26. Mars 1587. reduict en ladite année, & rentré en 94. au nombre des soixante retenuz, par le commandement du Roy.

Cristophle le Roy, pourueu le 4. Auril 1587. reduict en ladite année, & rentré le 12. Ianuier 1604. au lieu de Iacques Desfillets, qui estoit des 60. retenuz en 87.

Iean Foullon, pourueu le 8. Auril 1593. au lieu de Michel Cosson, entré en 94. au nombre des soixante retenuz, par la resignation de Louys de Tours.

Estienne Berault, pourueu le 15. May 1593. au lieu de Pierre Berault son pere, qui estoit des 60. retenuz en 87.

Barthelemy Dupré, pourueu le de 1593. au lieu de Pierre Amadon, reduict en 87. & rentré en 94. au nombre des soixante retenuz suyuant l'ordre de sa prouision.

Pierre Stample, pourueu le de 1593. par la resignation de Philipe Stample son frere, reduict en 87. & rẽtré en 94. au lieu de Pierre du Val, qui estoit des 60. retenuz en 87.

Iean Marsollier, pourueu le dernier Decembre 1594. au lieu de André Canaye, qui estoit dudit nombre des soixante retenuz en 87.

Iean Geuffronneau, pourueu le dernier Decembre 1594. au lieu de Hugues le Feure, qui estoit dudit nombre des soixante retenuz en 87.

Robert Fraguier, pourueu le 2. Ianuier 1595. au lieu de Pierre Lecharron, qui estoit dudit nombre des 60. retenuz en 87.

Iacques de Neuf-bourg, pourueu le 25. Iuillet 1595. au lieu de qui l'auoit eu de du nombre des

Guillaume le Noble, pourueu le 25. Septembre 1595. au lieu de Blaise Martin, reduict en 87. & rentré en 94. au nõbre des 60. retenuz suyuant l'ordre de sa prouisiõ.

Pierre Veillart, pourueu le 8. Nouembre 1595. au lieu de Eustache Veillart, reduict en 87. & rentré en 94. au nombre des 20. d'augmentation.

Anthoine Gourry, pourueu le 14. Nouembre 1595. au lieu de Louys Hubault, qui estoit du nõbre des 60. retenuz en 87.

Ysaac l'Amoureux, pourueu le 7. Decembre 1595. au lieu de Iean de Bailly, reduict en 87. & rentré en 94. au nombre des 20. d'augmentation.

Pierre de Bermont, pourueu le 25. Aoust 1596. au lieu de Remond Forget, reduict en 87. & rentré en 94. au nombre des 20. d'augmentation.

Louys le Masson dit la Fontaine, pourueu le 14 Octobre 1597. au lieu de Iacques Richer, pour l'vn de ses offices, de deux qu'il auoit du nombre des soixante retenuz en 87.

François du Four, pourueu le dernier

Iauuier 1598. au lieu de Noel Barbillon, qui estoit dudit nombre de 60. retenuz en 87.

François Berlant, pourueu le 25. d'Auril 1598. au lieu de Iuliẽ Collin, qui estoit dudit nombre des 60. retenuz en 87.

Pierre de la Fonds, pourueu le 26. Ianuier 1599. au lieu de Esme de la Gogue, qui estoit dudit nõbre des 60. retenuz en 87.

Iacques Caniuet, pourueu le 12. May 1599 au lieu de Michel Picault, qui l'auoit eu de Iean Faure, dudit nombre des 60. retenuz en 87.

Louys du Tillet, pourueu le premier Iuin 1599. au lieu de Claude Michel, qui estoit dudit nõbre des 60. retenuz en 87.

Pierre Mosny, pourueu le de 1599. au lieu de Iean le Royer, qui l'auoit eu de Georges le Royer dudit nõbre des 60. de 87.

Salomon Rousseau, pourueu le de 1600. au lieu de

François Langlois, pourueu le premier Iuillet 1600. au lieu de Pierre Bourdin, reduict en 87 & rentré en 94. au nombre des 20. d'augmentation.

Iacques

Iacques Toucher, pourueu le de
1600. au lieu de Iean Berault, reduict en 87. & rentré en 94. au nombre des 60. retenuz suyuant l'ordre de sa prouision.

Augustin Sanguin, pourueu le dernier Iuillet 1600. au lieu de Iean Baptiste du Moulin, qui l'auoit eu de Iean Douet, du nombre des 60 retenuz en 87.

Estienne Chomel, pourueu le 16. Aoust 1600. au lieu de Pierre de la Riuoyre, qui l'auoit eu de Gaspard Merle, du nombre des 60. retenuz en 87.

Anthoine Desprez, pourueu le 17. Octobre 1600. au lieu de Pierre de Chaumont, qui l'auoit eu de Iean Morel, du nõbre des 60. retenuz en 87.

Iean du Perray, pourueu le de
1600. au lieu de

Leon Habert, pourueu le 23. May 1601. au lieu de Leon Habert son pere, reduict en 87. & rentré en 94. suyuant l'ordre de sa prouision.

Iacques Sanguin, pourueu le 22. Septẽbre 1601. au lieu de Estienne Foyueau, qui l'auoit eu de Claude Champfeu, resignataire de Anthoine Charrier du nombre

c

des 60. retenuz en 87.

Nicolas Rubentel, pourueu le 17. Decembre 1601. au lieu de Baltazart Chausson, qui estoit du nombre des 60. retenuz en 87.

Philipes Habert, pourueu le 3. Iuin 1602. reduict en 87. & rentré le 23. Iuin 1603. au lieu de

Iean Royer, pourueu le 26. Septembre 1602. au lieu de Pierre Parfaict, qui estoit du nombre des 20. retenuz en 94.

Robert de Lestang, pourueu le 28. May 1603. par la resignation de Louys Habert, qui l'auoit eu de Thibaut Desportes, lequel auoit supplée en 94. au lieu de Adam Baiouë, du nombre des 60. retenuz en 87.

Iean Caille, pourueu le 14. Aoust 1603. au lieu de Pierre Mangeant, qui estoit du nombre des 60. retenuz en 87.

Paul Goullas, pourueu le 25. Nouembre 1603. au lieu de Claude Renazé, reduict en 87. & rentré en 94. au nombre des vingt d'augmentation.

Pierre Gasselin, pourueu le dernier Decembre 1603. au lieu de Pierre Bonuallet, qui l'auoit eu de Florent Adam du nombre des 60. retenuz en 87.

Anthoine Cocquet, pourueu le 26. May 1604. au lieu de Iean le Maistre, qui estoit dudit nombre des 60. retenuz en 87.

Cyprien Fumoze, pourueu le dernier May 1604. au lieu de pierre Gueterotte, reduict en 87. & rentré en 94. au nombre des 20. d'augmentation.

Gaspart Dugué, pourueu le 27. Decembre 1604. au lieu de Iean Dugué son pere qui l'auoit eu de Claude Meige, reduict en 87. & rentré en 94. au nombre des vingt d'augmentation.

Mathieu Brice, pourueu le 29. Decembre 1605. au lieu de Claude Morot, qui l'auoit eu de François Geruaize, resignataire de Nicolas Absolut, lequel auoit succedé à maistre Iacques Richer, pour l'vn de ses offices de deux qu'il auoit du nombre des 60. retenuz en 87.

Iean Boucquin, pourueu le 26. Ianuier 1606. au lieu de Nicolas Durant, qui l'auoit eu de Iean Douet, du nombre des 60 retenuz en 87.

Achilles Herbelin, pourueu le 12. Feurier 1606. au lieu de Guillaume Boyleau reduict en 87. & rentré en 94. au nombre des 60. retenuz, ſuyuans l'ordre de ſa prouiſion.

Eſtienne Cheuillart, pourueu le 25. Decembre 1606. au lieu de Iacques Cheuillart ſon pere, reduict en 87. & rentré en 94. audit nombre des 60. retenuz, ſuyuant l'ordre de ſa prouiſion.

Anne Tourtier, pourueu le dernier Decembre 1606. au lieu de Nicolas Tourtier ſon pere, reduict en 87. & rentré en 94. au nombre des 20. d'augmentation.

Iean du Peyrat, pourueu le 18 Mars 1607. au lieu de Claude Lange, qui l'auoit eu par la mort de Iean des Fleurs, du nombre des 60. retenuz en 87.

Iean Marteau, pourueu le 22. Mars 1607. au lieu de Louys Iolly, reduict en 87. & rẽtré en 94. ſuyuant l'ordre de ſa prouiſion.

Iean Barberon, pourueu le 27. Auril 1607. au lieu de Guillaume Bonnet, reduict en 87. & rentré en 94. au nombre des vingt d'augmentation.

Nicolas Meſſier, pourueu le 30. Iuin 1607. au lieu de Iacques Richard, qui l'auoit eu de Iacques de Vades du nombre des ſoixante retenuz en 87.

Claude Morot, pourueu le 25. Iuillet

1607. au lieu de Guillaume Morot son frere, qui l'auoit eu de Louys Baioue, du nombre des 60. retenuz en 87.

Bernard Bonnet, pourueu le 4. Octobre 1607. au lieu de Guy Bouuet son pere, qui estoit dudit nombre des 60. retenuz en 87

Louys de Suramont, pourueu le 17. Ianuier 1608. au lieu de Iacques Boué, qui l'auoit eu de Gabriel de Grenaille, entré au nõbre des retenuz, par lettres verifiées, suyuant le traicté de la capitulation de Tholose, faite par Mõsieur de Ioyeuse en 95.

Estienne Rousselet, pourueu le 20. Ianuier 1608 au lieu de Pierre Aubin, qui estoit du nombre des 60. retenuz en 87.

Lubin Chauueau, pourueu le 27. Feurier 1608. au lieu de René Charlot, qui estoit dudit nombre des 60. retenuz en 87.

Iean Boyuin, pourueu le 25. Nouembre 1608. au lieu de Fortuné Nyuellet, qui estoit dudit nombre des 60. retenuz en 87.

Claude Bazin, pourueu le dernier Decẽbre 1608. au lieu de Louys Foullon, qui l'auoit eu de Ysaac Choppin, resignataire de Gabriel le Gallois, qui estoit du nombre des 60. retenuz en 87.

Claude Perthuis, pourueu le 21. Ianuier

1609. au lieu de François Guerry, entré au nombre des retenuz le 17. Iuillet 1607. en la place de Louys Dauid, qui auoit esté du nombre des reduicts en 87.

Claude Hubert, pourueu le 25. Iuillet 1609. au lieu de Michel Oliuier dit Mollinet, qui l'auoit eu de Georges Iaupietre du nombre des 60. retenuz en 87.

Nicolas Bouuot, pourueu le dernier Decembre 1609. de l'vn des offices de Claude Bouuot son pere, de deux qu'il auoit dudit nombre des 60. retenuz en 87.

Frãçois le Grand, pourueu le 9. Feurier 1609. au lieu de

Iean de Frenis, pourueu le dernier Mars 1609. au lieu de

Pierre Dissier, pourueu le 11, Iuin 1610. au lieu de Iean Bequignon, qui l'auoit eu par decret sur Nicolas Quenart du nombre des 60. retenuz en 87.

Guillaume Allies, pourueu le 29. Iuin 1610. au lieu de

Charles Fournier, pourueu le 9. Septembre 1610. au lieu de Iulien Quentin, qui auoit eu l'vn des offices de Claude Bouuot de deux, dont il estoit du nombre des 60. retenuz en 87.

Philipes Roulier, pourueu le de 1611. au lieu de Pierre Iacquet, qui l'auoit eu de Louys Belle, reduict en 87. & rentré en 94. au nombre des vingt d'augmentation.

LETTRES PATENTES DV

Roy à preset regnãt, en forme de cõfirmatiõ, par lesquelles sa Majesté en cõfirmãt les edicts, declaratiõs & arrests cy deuant mentionnez, a dit declaré, voulu & ordõné, q̃ lesdits Thresoriers & payeurs de la gẽdarmerie, iouyront de tous & chacũs les priuileges à eux concedez & octroyez par les Roys ses predecesseurs, selon qu'il est declaré esdits edicts, declarations & arrests, les ayant sadite Majesté pour les causes contenues en ladite confimation, augmentées & amplifiées, selõ qu'il est porté par icelle.

OVYS par la grace de Dieu ROY de France & de Nauarre, A tous present & aduenir, Salut, Nos chers & bien amez les Thresoriers & payeurs de nostre gendarmerie, nous ont fait remonstrer que par plusieurs edicts & declarations des feuz Roys nos predecesseurs, deuëment verifiées où besoin a esté, ils ont esté declarez francs, quites & exempts de toutes aydes, tailles, taillon creuës, subsides, ẽprũts, tributs, dons, gratuits deniers cõmuns & d'octroy de villes, guets, gardes de portes, & de toutes autres impositions tant ordinaires qu'extraordinaires, mis & à mettre sus en ce Royaume, pour quelque cause & occasion que ce fust, mesmes de loger en leurs maisons gens de guerre & de cour, selon qu'il est plus à plain contenu & declaré esdits edicts & declarations cy atachées soubz le contreseel de nostre Chancellerie, auec les coppies collationnées d'aucũs arrests du Conseil de nosdits predecesseurs Roys sur ce donnez & ensuyuiz, Nonobstant lesquels nosdits Thresoriers & payeurs craignent d'estre cy apres comprins és assietes & departemens des tailles & impositions, soubz pretexte que les commissions qui sont expediées pour la leuée d'icelles, portent exempts, & non exempts, priuilegez

priuilegez & non priuilegez, s'ils n'auoiẽt nos lettres de confirmation necessaires, ils nous ont tres humblement supplié & requis les leur vouloir octroyer, Sçauoir faisons, que nous desirans fauorablement traicter lesdits Thresoriers & payeurs de nostre gendarmerie, & les soulager en ce qui nous sera posible, pour leur donner plus d'occasion & moyen de continuer le seruice qu'ils nous font en l'exercice de leursdits offices, & ne les rendre de pire condition qu'ils ont esté du temps de nosdits predecesseurs Roys, en consideration des grandes depences & perils ausquels la fonction de leursdits offices les oblige, & mesmes du secours qu'ils nous ont nagueres fait de la somme de deux mil liures chacun, suyuant les lettres patentes du feu Roy nostre tres-honoré Seigneur & pere (que Dieu absolue) du deuxiesme iour d'Auril mil six cens neuf, pour employer à l'amortissement & extinctiõ des rentes constituées sur nostre taillon, Auons en confirmant les susdits edicts & declarations, & arrests, dit, declaré, voulu & ordonné, & de nos grace speciale, plaine puissance, & auctorité Royalle, diſons, declarons, voulons & nous plaiſt, que leſdits Threſoriers & payeurs de noſtre gendarmerie, ſoient & demeurent francs, quites & exempts, comme d'abondant en tant que beſoin ſeroit, nous les quitons & exemptons par ces preſentes de toutes aydes, tailles, taillon, creuës, ſubſides, emprunts, tributs, dons gratuits, contributions, deniers communs & d'octroy de villes, guets, gardes de portes & de toutes autres impoſitions, tant ordinaires qu'extraordinaires, miſes & à mettre ſus en noſtre royaume, pays, terres, & Seigneuries de noſtre obeiſſance, pour quelque cauſe & occaſion que ce ſoit, meſmes de loger en leurs maiſons, aucuns gens de guerre, n'y de cour, ſoit qu'ils reſident dans nos villes cloſes, ou hors d'icelles, ainſi que les gens de nos ordonnances & autres officiers de noſtre gendarmerie du corps de laquelle nous tenons & reputons noſdits Threſoriers & payeurs, auſquels auſſi nous permetons de porter armes & baſtons à feu, pour la conſeruatiõ de leurs perſonnes, & ſeureté de nos deniers, allans & venans pour le fait de leurs charges, enſemble de iouyr du droit de commitimus, ainsi que nos officiers domestiques commensaux & de nostre artillerie, perceuoir le sol pour liure, pour le droit de rabais, atribué & permis par nos ordonnances de cinquante quatre & septante quatre, & generalement de tous autres droits, priuileges & exemptions à eux atribuez, cõformemẽt & selõ qu'il est plus particulierement contenu & declaré par les susdits edicts declarations & arrests cy atachez. Si donnons en mandement à nos aymez & feaux les gens tenans nos cours de Parlement, Chambre des Comptes, cour de nos Aydes, & à tous nos autres Iusticiers & Officiers ou leurs Lieutenans presens & aduenir, & à chacun d'eux si comme il apartiendra, que cesdites presentes ils facent enregistrer, & du contenu iouyr & vser lesdits Thresoriers & payeurs de nostre gendarmerie, tant en general que particulier, plainement, paisiblement & perpetuellement, & à ce faire souffrir & obeir, contraignent & facent contraindre tous ceux qu'il apartiendra, & qui pour ce seront à contraindre par toutes voyes deuës & raisonnables, cessans & faisant cesser tous troubles & empe∫chemens au contraire, & pour ce que de ce∫dites pre∫entes no∫dits Threſoriers & payeurs pourront auoir affaire en plu∫ieurs & diuers lieux, nous voulons qu'au vidimus d'icelles fait ∫oubz ∫eel Royal, ou copie deuëment collationnée, par l'vn de nos aymez & feaux Con∫eillers Notaires & Secretaires, foy ∫oit adiou∫tée comme au pre∫ent original, Car tel e∫t no∫tre plai∫ir, nonob∫tant oppo∫itions ou appellations quelconques, edicts, ordonnances, mandement, defences & lettres à ce contraires, au∫quelles & à la derogatoire des derogatoires y contenuës, nous auons pour les con∫ideratiõs que de∫∫us, & ∫ans tirer à con∫equence en autres cho∫es, derogé & derogeons par ce∫dites pre∫entes, & à fin que ce ∫oit cho∫e ferme & ∫table à tou∫iours, nous auons fait mettre no∫tre ∫eel à icelles, ∫auf en autres cho∫es no∫tre droit & l'autruy en toutes. Donné à Paris au mois de Septembre l'an de grace mil ∫ix cens dix, & de no∫tre regne le premier. LOVYS.

Par le Roy la Royne Regente ∫a Mere pre∫ente.
Brulart.

Vi∫a, Contentor.

Regiſtrées ouy le Procureur General du Roy, pour iouyr par les impetrans de l'effect & contenu comme ils en ont cy deuant bien & deuëmēt iouy & vſé, iouyſſent & vſent encores à preſent, à Paris en Parlement le 17. Decembre 1610.

Du Tillet.

Victon.

Regiſtrées en la Chambre des Comptes, ouy le Procureur General du Roy, pour iouyr par les impetrans, de l'effect & contenu en icelles, ſelon & ainſi qu'ils en ont cy deuant bien & deuëment iouy, le neufieſme iour de Feurier mil ſix cens & vnze.

Bo urlon.

Regiſtrées en la Cour des Aydes, ouy le Procureur General du Roy, ſuyuant & aux charges portées par l'arreſt de ladite Cour du iourd'huy, à Paris le ſeptieſme iour de Iuin l'an mil ſix cens & vnze.

Bertrand.

Enregiſtrées au Greffe de l'election de Paris, ſuyuant l'ordonnance de Meſſieurs les Preſidents, Lieutenants, & Eſleuz de ladite eſlection, donnée ſur le requiſitoire du Procureur du Roy en icelle, le Samedy trentieſme iour de Iuillet mil ſix cens & vnze.

Angran.

L'ARREST DE LA COVR

de Parlement, donné ſur la verification deſdites lettres de confirmation.

Extraict des regiſtres de Parlement.

VEV par la cour les lettres patentes du Roy, données à *Paris* au mois de Septembre dernier ſignées Louys, & ſur le reply par le Roy la Royne regente ſa mere preſente, Brulart, par leſquelles pour les cauſes y contenuës, ledit Seigneur confirmant les edicts declarations, & arreſts atachez à icelles, declare veut, & ordonne que les Threſoriers & payeurs de ſa gendarmerie, ſoient & demeurent francs, quites & exempts de toutes aydes, tailles taillon, creuës, ſubſides, emprunts, tributs, dons gratuits, contributions, deniers cõmuns, & d'octroy de villes, guets, gardes de portes, & de toutes autres impoſitions tant ordinaires qu'extraordinaires, mis & à mettre en ce Royaume, terres & Seigneuries de ſon obeiſſance, meſmes de loger en leurs maiſons aucuns gens de guerre ny de cour, ſoit qu'ils reſident dans les villes cloſes ou hors d'icelles, leur permettant porter armes & baſtons à feu, pour la conſeruation de leurs perſonnes, & ſeureté des deniers, allans & venans pour le fait de leurs charges, comme plus à plain le contiennent leſdites lettres, requeſte preſentée à ladite Cour, par leſdits Threſoriers & payeurs de la gendarmerie de France, tendant à fin de verification deſdites lettres, conclusions du Procureur general du Roy, & tout conſideré, Ladite Cour a ordonné & ordonne que leſdites lettres ſeront regiſtrées és regiſtres d'icelle, ouy le Procureur general du Roy pour iouyr par les impetrãs de l'effect & cõtenu en icelles, comme ils ont cy deuant bien & deuëment iouy & vſé, iouyſſent & vſent encores à preſent. Fait en Parlement le dixseptiesme Decembre mil six cens dix.

Du Tillet.

L'ARREST DE LA COVR *des Aydes, aussi donné sur la verification desdites lettres de confirmation.*

Extraict des registres de la Cour des Aydes.

VEV par la Cour les lettres patentes du Roy, en forme de chartres, données à Paris au mois de Septembre mil six cens dix, signées Louys, & sur le reply par le Roy la Royne regente sa mere presente Brulart, & seellées du grand seel de cire verde sur lacs de soye rouge, obtenuës & impetrées par les Thresoriers & payeurs de la gendarmerie de France, par lesquelles ledit Seigneur, pour les causes & considerations contenuës esdites lettres, en confirmant les edicts, declarations & arrests y atachez soubz le contreseel, declare son vouloir estre que lesdits impetrans soient & demeurent francs, quites & exempts

empts, comme en tant que besoin seroit, il les quite & exempte par lesdites lettres, de toutes aydes, tailles taillon, creuës, subsides, & emprunts, tributs, dons gratuits, contributions, deniers communs & d'octroy de ville, guets, gardes de portes & de toutes autres impositions, tant ordinaires qu'extraordinaires, mis & à mettre sus en son Royaume, pays, terres & seigneuries de son obeissance pour quelque cause & occasion que ce soit, mesmes de loger en leurs maisons aucuns gens de guerre ny de cour, soit qu'ils resident dans villes closes ou hors d'icelles, ainsi que les gens d'ordonnance & autres officiers de gendarmerie du corps, de laquelle ledit Seigneur tient & repute lesdits Thresoriers & payeurs, ausquels il permet de porter armes & bastons à feu, pour la conseruation de leurs personnes, & seureté de ses deniers, allans & venans pour le fait de leurs charges, ensemble de iouyr du droit de commitimus, ainsi que ses officiers domestiques commensaux de son artillerie, perceuoir le sol pour liure, pour le droit du rabais attribué & permis par ses ordonnances des cinquante quatre, soixante quatorze. & generalement de tous autres droicts, priuileges & exemptions à eux atribuez, lesdits edits declarations & arrests, la requeste desdits impetrans à ladire Cour, à fin de verification desdites lettres, conclusions du Procureur general du Roy, arrest de ladite cour sur ce interuenu, le quinziesme May mil six cens vnze, par lequel auant que proceder à la verification & entherinement desdites lettres, auroit ordonné que les impetrans feroient apporter l'estat des Thresoriers & payeurs de ladite gendarmerie de France qui sont entretenuz, & outre qu'ils feroient apparoir de la finance par eux payée, suyuant les lettres patentes du deuxiesme Auril mil six cens neuf, pour ce fait & veu par la Cour estre ordonné ce que de raison, extraict de l'estat general des officiers de ladite gendarmerie de Frãce expediée pour luy, l'ã mil six cẽs 10. signé le Comte Controolleur general de l'ordinaire des guerres, ensemble les extraicts de comptes, & certificat signé de Lancy & Olier, Thresoriers generaux de l'ordinaire desdites guerres, des payemens faits par lesdits Thresoriers, suyuant les lettres patentes dudit deuxiesme Auril mil six cens neuf, rapportez suyuant ledit arrest, autre requeste desdits impetrans à ladite Cour, à fin de verification desdites lettres, le tout veu & consideré, La Cour a ordonné & ordonne que lesdites lettres seront registrées au Greffe, pour iouyr par les impetrans, de pareils & semblables priuileges & exemptions, franchises dont iouyssent & ont accoustumé iouyr les gens de guerre d'ordonnance & autres officiers domestiques de la maison du Roy, ainsi qu'ils en ont cy deuant bien & deuëment iouy; à la charge que les differends qui interuiendront pour raison desdits priuileges & exemptions la cognoissance en appartiendra en premiere instance aux Esleuz, & par appel, & en dernier ressort à ladite Cour, & outre que des procés & differens qui seront meuz & intentez entre les Thresoriers des guerres, Controolleurs & payeurs leurs clers & commis, tant en demandant que deffendant, pour raison de fait de finance, la cognoissance en premiere instance en appartiendra à ladite Cour, le tout conformement aux edicts & ordonnances.

Prononcé le ſeptieſme iour de Iuin l'an mil ſix cens vnze

Bernard.

Enregiſtrée au Greffe de l'election de Paris, ſuyuant l'ordonnance de Meſſiieurs les Preſidens, Lieutenans & Eſleuz de ladite eſlection, donnée ſuyuant le requiſitoire du Procureur du Roy en icelle, le Samedy trentieſme iour de Iuillet mil ſix cens vnze.

Angran.

Extraict du priuilege du Roy.

PAr grace & priuilege du Roy, il est permis à Gilles Robinot, Marchant Libraire à Paris, d'imprimer où faire imprimer, vendre & distribuer tous les *Edicts, ordonnances, reglement, declarations du Roy, & autres dependances quelconques, sur le fait de la gendarmerie*, auec deffence à tous Imprimeurs & Libraires de nostre Royaume, & autre personne quelconque, d'imprimer ou faire imprimer vendre où distribuer les susdits Edicts, sans le congé & consentement dudit Robinot, & sur peine de quinze cens liures d'amende, applicables moytié à nous, l'autre moytié aux pauures, confiscations desdits exemplaires, & tous despens dommages & interests dudit Robinot, & ce pour le temps & terme de six ans finis & accomplis, comme plus à plain est declaré és lettres patentes. Donné à Paris le huictiesme Sepbre 1608.

Signé par le Roy en son Conseil,
Le Royer.

de ce faire

Signé le Sueur.

de nosdites ordõnances Oyse

subsides eu Du Tillet. Signé le Sueur.

Signé Mousset. main mises

ils les decla- re, requerãt dõnées

qu'a Bernard.

Victon.

www.ingramcontent.com/pod-product-compliance
Ingram Content Group UK Ltd.
Pitfield, Milton Keynes, MK11 3LW, UK
UKHW021038180726
13838UKWH00004B/1880